Inhalt

Near-Field-Communication

Kernthesen

Beitrag

Fallbeispiele

Weiterführende Literatur

Impressum

Near-Field-Communication

M. Westphal

Kernthesen

- Das Ende der drahtgebundenen Datenübertragung wird eingeläutet.
- Near Field Communication ermöglicht drahtlose Kommunikation im Nahbereich von bis zu zehn Zentimetern.
- Aufgrund der zunehmenden Masse an drahtlosen Kommunikationsprotokollen versuchen Standardisierungs-Allianzen eine Vereinheitlichung anzustreben.

Beitrag

Das Ende der drahtgebundenen Datenübertragung wird eingeläutet

Die Industrie setzt ihren Abgesang auf die drahtgebundene Datenübertragung fort, indem Sie zahlreiche neue, tragbare Produkte anbietet, die drahtlose Datenübertragung beherrschen.
Nach wie vor gelangen heute zwar noch die meisten Daten drahtgebunden aus Geräten wie Fernsehern, dem PC oder der HiFi-Anlage, allerdings gilt diese Art der Übertragung bereits als anachronistisch. Neben den Standards wie WiMAX für die Anbindung an die letzte Meile, eine neue Generation des 802.11-Standards für höhere Übertragungsraten, wie über WLAN soll jetzt auch Near Field Communication für sichere kurze drahtlose Verbindungen sorgen, sodass bald keine Wünsche mehr offen bleiben. (1)

Verbraucher sollen überall und mit jedem beliebigen Gerät auf physikalische und digitale Dienste zugreifen können. Dieses soll eine Vision des sicheren universellen Handels und grenzenloser Vernetzung ermöglichen. (2)

Darüber hinaus eröffnen sich nicht nur für den bargeldlosen Zahlungsverkehr völlig neue

Anwendungsszenarien. Auch für Bereiche wie Home Automation, (Lager-, Versandhandel-, Fabrik- und Handels-) Logistik, aber auch das (Direkt-)Marketing können sich durch diese drahtlosen Technologien wesentliche Veränderungen ergeben.
Sofern sich einfach zu bedienende Technologien wie NFC durchsetzen, ist davon auszugehen, dass noch ganz neue Anwendungsszenarien auftauchen werden.

Wie mit allen drahtlosen Techniken, die Kommunikation zwischen Geräten ermöglichen, ist auch hier die Sicherheit der Kommunikation in Bezug auf Manipulation von außen zu berücksichtigen.

Near Field Communication ermöglicht drahtlose Kommunikation im Nahbereich von bis zu zehn Zentimetern

Bis Ende 2004 wollen Handy- und Elektronikhersteller wie Nokia, Sony und Philips eine neue drahtlose Übertragungstechnologie auf den Markt bringen. Philips als wesentlicher Treiber und Entwickler dieser Technologie stellte sie Anfang Dezember in Hamburg der Öffentlichkeit vor. Die unter dem Begriff Near Field Communication (NFC) angebotene standardisierte Schnittstellentechnologie ermöglicht eine drahtlose Verbindung von elektronischen Geräten wie Digitalkameras, Mobiltelefonen, PDAs und Notebooks auf kurzen Entfernungen von bis zu 10 Zentimetern. Hierbei ist insbesondere die einfache und intuitive Nutzung hervorzuheben, denn die Kommunikation funktioniert einzig durch Berührung. Aktuell ist Philips der einzeige Hersteller von NFC-Chips, mit ersten Consumer-Produkten wird Anfang 2005 gerechnet. (3) (9)

Die Handhabung von Near Field Communicaiton ist deutlich einfacher als die von z. B. Bluetooth

Im Gegensatz zu den aufwendigen Verfahren im Falle von Bluetooth, welches durch diverse Einzelschritte gekennzeichnet ist wie: Funkraumsuche, Geräte-, -dienstewahl und Passwortübergabe, müssen die NFC-fähigen Geräte einfach einen Moment aneinander gehalten werden. Dabei identifizieren sich die Partner und starten dann auch mit der Datenübertragung eben in einer Entfernung von bis zu zehn Zentimetern. Ebenso ist geplant, dass NFC-Geräte eine Verbindung mit Bluetooth-Geräten herstellen können. (3)

Diese neue Technologie basiert auf der kontaktlosen Identifikationstechnik RFID (Radio Frequency Identification) erlaubt die Kommunikation ohne das Bewältigen von Menüs oder Setup-Prozeduren. Sie können so auch drahtlose Protokolle wie Bluetooth und 802.11 (z. B. WiFi) konfigurieren und initialisieren und damit auch über große Entfernungen mit höheren Übertragungsraten kommunizieren, indem sie sich andere Geräte zu "Helfern" machen. (2)

Die Kompatibilität mit der kontaktlosen Smart Card-Infrastruktur ermöglicht auch einen Link zur Welt der kontaktlosen Smart Cards.
Da NFC-Geräte im aktiven (mit Strombetrieb) wie passiven (Betrieb ohne Strom durch z. B. Akkus) Modus arbeiten können, können sie auch Daten mit passiven Geräten wie kontaktlosen Smart Cards oder Hochfrequenz-Transpondern austauschen. Dadurch können auch mobile Geräte im Passiv-Modus arbeiten, was Energie spart und die Lebensdauer der Akkus verlängert. (2)

Diese Technologie wird weniger als Konkurrenz zu bestehenden Funktechnologien gesehen als vielmehr als Ergänzung.

Die Entwickler von Philips Semiconductor Styria, die wesentlich zur Entwicklung der NFC-Technologie beigetragen haben, beschreiben NFC als Technik, die

die jeweiligen Geräte wie eine Aura umgibt. Bringt man die Geräte nahe genug zusammen, berühren sich die Auren und die Daten werden ausgetauscht. (4)

Aufgrund der zunehmenden Masse an drahtlosen Kommunikationsprotokollen versuchen Standardisierungs-Allianzen eine Vereinheitlichung anzustreben

Neben der Entwicklung von NFC-fähigen Geräten arbeitet die ZigBee-Alliance, in der Firmen wie LG, Cisco, Danfoss, ABB, Samsung oder Motorola zusammengeschlossen sind, an einem verlässlichen, kostengünstigen, stromsparenden, kabellosen globalen Kommunikations-Standard. Denn nur ein einheitliches Übertragungsprotokoll gewährleistet letztendlich auch die "Kompatibilität" der Kommunikation zwischen den einzelnen Geräten. Ziel ist es, zum ersten Mal eine standardbasierte drahtlose Plattform zu haben, die auf die speziellen Anforderungen der ersten avisierten Märkte Home Control, Building Automation und Industrial Automation angepasst sind.

Aber es gibt auch schon Varianten des ZigBee-Standards, so entwickelt die Berliner Firma Nanotron Technologies GmbH eine "robuste" Variante von ZigBee. Die Nanotron-Variante soll das Frequenzband wesentlich effizienter nutzen. (5) ZigBee-Lösungen sind aber in der Regel für komplexe Netzwerk-Applikationen gedacht und für Mesh- und Cluster-Tree-Netze optimiert. (6)

Allerdings führt die Einführung der unterschiedlichsten Standards beim Kunden eher zu Verunsicherung gerade auch im Bereich Home Automation, die ja kabelgebunden durch Telefon, Kabel-TV, Ethernet via Twisted Pair oder Polymerfaser aus einer Anschlussdose über Powerline bis zu Funkstandards wie Konnex RF oder eben ZigBee reichen. (7)

Die Investitionssicherheit muss für den Kunden sichergestellt werden. Erst wenn sich einheitliche Standards herausbilden, werden auch wesentliche Investitionen in komplexere drahtlose Kommunikationssysteme oder eben einen kostenoptimalen Mix aus drahtgebundenen und drahtlosen Lösungen stattfinden.

Fallbeispiele

Mögliche Anwendungsszenarien werden z. B. in der Berührung eines in ein Plakat (welches z. B. für ein Konzert wirbt) eingearbeiteten Minichips durch ein Handy gesehen, wonach die Veranstaltungsdaten oder auch CD-Informationen auf das Handy übertragen werden und dort dann gelesen werden können. Ebenso könnte der Nutzer dann ein Konzertticket kaufen, wobei das Handy bei Betreten in den Konzertsaal als Eintrittskarte fungieren würde.

Kreditkartenfirmen arbeiten an Szenarien, bei denen NFC-Technik in Kartenchips integriert werden könnte, um so eine sichere Zahlfunktion zu ermöglichen.

Die auf RFID basierende Funktechnologie NFC soll auch den Weg in den Handel finden. Der Grundgedanke dabei ist, dass Kunden ihre Waren einfach dadurch bezahlen, dass sie ihr Handy nahe an ein Lesegerät an der Kasse halten. Philips als einer der wesentlichen Treiber von NFC hat sich hierfür die Firma Vivotech mit an Bord geholt. Vivotech bietet Lesegeräte und entsprechende Software an. (8)

Nokia und Sony sollen noch gegen Ende 2004 NFC-fähige Handys auf den Markt bringen. (4)

Weiterführende Literatur

(1) Sind Sie noch auf Draht?
aus Elektronik Praxis Sonderheft 08 wireless & portable vom 14.10.2004 Seite 003

(2) Übertragungstechnologie Intuitive Vernetzung
aus Elektronik Praxis Sonderheft 08 wireless & portable vom 14.10.2004 Seite 014

(3) Neue Handytechnik tauscht bei Berührung Adressen aus oder kauft Konzertkarten
aus Die Welt, Jg. 59, 15.04.2004, Nr. 88, S. 31

(4) Neue Funk-Technologie kommt aus Österreich NFC-Handys ab heuer am Markt
aus WirtschaftsBlatt, 30.07.2004, Nr. 2169, S. 111

(5) Kommunikation Zirpend den Erfolgskurs eingeschlagen
aus Elektronik Praxis Nr. 20 vom 20.10.2004 Seite 024

(6) Mühelos vernetzen - WirelessUSB - die passende Lösung für kostengünstige, Strom sparende Sensornetzwerke
aus Elektronik Praxis Nr. 17 vom 13.09.2004 Seite 028

(7) e/home 2004: Hausautomatisierer ringen um Kunden
aus c't - Magazin für Computertechnik, 20/2004, S. 68

(8) Logistiker hoffen auf kinderleichte Technik

Technologie: Trends im Handel berühren auch die Logistik, allen voran RFID
aus WirtschaftsBlatt, 28.10.2004, Nr. 2232, S. 216

(9) Philips-Technik soll Handys zu Alleskönnern machen
aus Die Welt, Jg. 59, 09.12.2004, Nr. 289, S. 39

Impressum

Near-Field-Communication

Bibliografische Information der deutschen Nationalbibliothek

Die Deutsche Nationalbibliothek verzeichnet diese Publikation in der deutschen Nationalbibliografie; detaillierte bibliografische Daten sind im Internet über http://dnb.d-nb.de abrufbar.

ISBN: 978-3-7379-0299-1

© 2015 GBI-Genios Deutsche Wirtschaftsdatenbank GmbH, Freischützstraße 96, 81927 München, www.genios.de

Alle Rechte vorbehalten. Dieses Werk ist einschließlich aller seiner Teile – z.B. Texte, Tabellen und Grafiken - urheberrechtlich geschützt. Jede Verwertung außerhalb der Grenzen des Urheberrechtsgesetzes bedarf der vorherigen Zustimmung des Verlags. Dies gilt insbesondere auch für auszugsweise Nachdrucke, fotomechanische Vervielfältigungen (Fotokopie/Mikroskopie), Übersetzungen, Auswertungen durch Datenbanken oder ähnliche Einrichtungen und die Einspeicherung und Verarbeitung in elektronischen Systemen.